बाल साहित्य : एक विमर्श

आलेख संग्रह

डॉ.दिनेश पाठक 'शशि'

बालसाहित्य के पुरोधा

समस्त राष्ट्र के बन्धु

आदरणीय

डॉ. राष्ट्रबन्धु जी

को

सादर समर्पित

डॉ.दिनेश पाठक 'शशि'

क्रम-सूची

प्रस्तावना

राजा भर्तृहरि ने साहित्य, संगीत, कला की महत्ता को प्रतिपादित करते हुए बहुतपहले हमारा प्रबोधन करते हुए कहा-"साहित्य, संगीत,कला विहीनः, साक्षात्पशुः पुच्छविषाणहीनः। अर्थात् साहित्य (गद्य-पद्य की समस्त विधाएं) संगीत, कला (कौशल) से जो अनभिज्ञ हैं वे बिना पूंछ के भी पशु समान हैं। इस कथन को व्यावहारिक दृष्टि से भी यदि कसौटी पर कसा जाए तो पूर्णतः उचित है। इसलिए साहित्य, संगीत और कला में प्रवीणता हर व्यक्ति के जीवन में आए इसके लिए आवश्यक है कि बाल्यावस्था से ही इस ओर सम्यक् ध्यान दिया जाए।

पं. हजारी प्रसाद द्विवेदी ने साहित्य की व्याख्या में सर्वाधिक मनुष्य को सत्य के सन्दर्भ में देखा है। मुष्य को ही साहित्य का लक्ष्य स्वीकार किया है और उस सारे वाग्जाल को साहित्य मानने में संकोच प्रकट किया है जो मनुष्य की आत्मा को तेजोदीप्त न बना सके। बाल्यावस्था मनुज की प्रथम सीढ़ी है। उसके समग्र विकास की मनोवैज्ञानिक, वैज्ञानिक, सामाजिक आदि सभी विकास की प्रक्रियाएं यहीं से प्रारम्भ होती हैं। यदि प्रारम्भ से ही विकास की प्रक्रिया में बालक पिछड़ गया तो उसका समग्र व्यक्तित्व-विकास बाधित होगा, कदाचित वह उत्कृष्ट मापदण्डों पर मनुज नहीं बन पायेगा। जबकि हमारा उद्देश्य नर से नारायण बनाना है।

हिन्दी साहित्य के हस्ताक्षर डॉ. दिनेश पाठक 'शशि' ने बाल साहित्य : एक विमर्श पुस्तक का सृजन करके निश्चय ही स्तुत्य कार्य किया है। बाल साहित्य पर सम्यक् विमर्श समाज-जीवन में जैसा होना चाहिए वैसा नहीं हुआ। जब विमर्श ही नहीं हुआ तो इस दृष्टि से कार्य की आशा करना भी कहाँ तक ठीक है, कहा नहीं जा सकता। नेशनल बुक ट्रस्ट ऑफ इण्डया का योगदान इस दृष्टि से काम्य हो सकता है परन्तु वह सरकारी सोच के वशीभूत है। उससे अधिक आशा करना भी उचित नहीं होगा। बाल साहित्य की उज्ज्वल परम्परा में नंदन, चंपक, चन्दामामा, देवपुत्र, बालमन, पराग, बालक, गुड़िया आदि जैसी पत्रिकाओं का

योगदान सराहनीय रहा है परन्तु आज शोसलमीडिया की आँधी में इनकी भी गति ठहर गई है। ऐसी विषम परिस्थितियों में बाल साहित्य पर विमर्श खड़ा हो । विमर्श के उपरान्त नवनीत निकले जो सत्यम्, शिवम् और सुन्दरम् के मापदण्डों पर खरा उतरे। यह सौभाग्य का विषय है कि डॉ. दिनेश पाठक 'शशि' की प्रस्तुत अभिनव पुस्तक-"बाल साहित्यः एक विमर्श" एक ऐसा नवनीत प्रदान करेगी जो निश्चय ही बाल साहित्य के क्षेत्र में ऐतिहासिक भूमिका का निर्वहन करेगी। इस पुस्तक में छह आलेख हैं जिनमें संवेदनशील, सजग और जिम्मेदार साहित्यकार के नाते लेखक ने अपनी चिन्ताओं को उजागर किया है।

बालकथा लेखन और लेखकीय दायित्व आलेख में वह लिखते हैं- "वे (अभिभावक) अपने बालक को पुस्तक में लिखे अनुसार प्रातः भ्रमण पर निबन्ध तो रटाना चाहते हैं पर स्वयं जल्दी बिस्तर छोड़कर अपने साथ अपने बच्चे को भी प्रातः भ्रमण पर ले जाकर, उसे व्यावहारिक ज्ञान नहीं देना चाहते।" निश्चय ही यह चिन्ता काम्य है। रटा हुआ ज्ञान यदि व्यवहार में नहीं होगा तो वह ज्ञान किस काम आयेगा।

लेखक ने आगे इसी आलेख में लिखा है-" स्वयं टी.वी. चैनलों से चिपके रहकर, बच्चे को दूसरे कमरे में जाकर पढ़ने का उपदेश देते हुए भी बहुत से अभिभावक देखे जा सकते हैं। या फिर स्वयं वाट्सअप और फेसबुक या शोसल मीडिया के उपयोग के समय यह भी भूल जाते हैं कि उनका बच्चा भी अपनी पुस्तक में मुँह छुपाकर उन्हीं की ओर कान और ध्यान लगाए हुए है।"

उक्त कथन में लेखक सामाजिक सरोकार की दृष्टि से सजग साहित्यकार और नागरिक की भूमिका में दृष्टिगोचर हो रहे हैं उनकी चिन्ता सर्वविदित है। स्वस्थ बालसाहित्य पढ़ने से बच्चों का विकास तीव्रता से होता है, क्योंकि पढ़ना केवल भौतिक अनुभव ही नहीं बल्कि उसके द्वारा भावनात्मक अनुभव भी प्राप्त होता है। यह पाठक जी ने स्वयं अनुभूत प्रयोग के आधार पर सिद्ध किया है। लेखक ने बहुत सुन्दर बात दिशा और दृष्टि देते हुए प्रथम आलेख के अन्त में लिखी कि अच्छे बालसाहित्य की रचना वही रचनाकार कर सकता है जिसके हृदय में बालोचित क्रीड़ाओं की स्मृतियाँ जीवित हों और जिनमें बाल

भावनाओं की सरिता प्रवहमान हो अर्थात् नीरस और बालपन भाव-भावनाशून्य साहित्यकार बालसाहित्य का सृजन नहीं कर सकता ।

"बाल साहित्य में भारतीय संस्कार और परिवेश की भूमिका" नामक द्वितीय आलेख में विस्तृतचर्चा करते हुए अनेक उदाहरणों से महत्ता प्रतिपादित की गई है।

"बालकथा लेखन: बदलते परिदृश्य" आलेख में लेखक ने उपनिषद, रामायण, महाभारत, श्रीमद्भागवत गीता, जैन और बौद्धों की जातक कथाओं, बोध कथाओं से लेकर मध्यकाल में परिवर्तित रूप का वर्णन किया है। आचार्य महावीर प्रसाद द्विवेदी युग में पेड़-पौधों और पशुओं-पक्षियों पर आधारित कहानियाँ लिखी गईं। इस आलेख में बहुत ही सुन्दर सांगोपांग वर्णन किया गया जो बालसाहित्य के प्रति चेतना जागृत करता है।

चतुर्थ आलेख में लेखक ने हिन्दी बालसाहित्य में एतिहासिक चिंतन " विषय पर शोधपूर्ण विश्लेषण करके अपनी व्यापक धोध-दृष्टि का परिचय दिया है। वे सद्साहित्य को राष्ट्रीय भावना के विकास में सहायक मानते हैं। उन्होंने बताया कि **आापालन** के लिए आरुणि, एकनिष्ठ और एकाग्र समर्पण की भावना पैदा करने के लिए एकलव्य, दूसरों के हित के लिए अपने प्राणों तक की आहुति देकर अपनी हड्डियों तक का दान कर देने वाले दधीचि, दानी कर्ण के माध्यम से दान और वचन के महत्व को दर्शाया। स्वतंत्रता संघर्ष के कालखण्ड की उन रचनाओं का उल्लेख सुन्दर ढंग से किया गया जो बालमन को प्रेरित करती हैं। इन रचनाओं से बालमन में किलों की संरचना, सुरक्षा और उन्हें जीतने के कौशल के प्रति उत्सुकता जगाती है।

"बालसाहित्य और राष्ट्रीय भावना"- नामक पंचम आलेख में प्रारम्भ में ही रचनाकार ने कहा है कि-" एक सुसंस्कारित बालक ही राष्ट्र का भावी कर्णधार होता है। अतः जिस राष्ट्र के बच्चे सुसंस्कारित होंगे निश्चित ही वह राष्ट्र एक मजबूत और सुदृढ़ राष्ट्र होगा।"

यह कथन पूर्णतः सत्य है।इस आलेख के द्वारा बड़ी सरलता से सिद्ध किया गया कि राष्ट्रीय भावना के निर्माण के लिए सशक्त, सहज और सरल माध्यम है- अच्छा बाल साहित्य। डॉ. दिनेश पाठक 'शशि' ने इस

विचार का प्रतिपादन बड़ी सरलता से किया है कि उपदेशात्मक लहजे से नहीं , वय के अनुसार तथा बच्चों की ग्रहणशक्ति के अनुसार तार्किक बुद्धि काउ ध्यान रखकर लिखा गया साहित्य बच्चा को अनुप्राणित और उत्प्रेरित करता है।

षष्ठ आलेख-"बाल साहित्य लेखन एवं उसकी उपयोगिता" लेखक ने विश्लेषणपरक व्याख्या करते हुए कहा है कि विद्यालय के अध्यापकों का बालसाहित्य सृजन का दायित्व और बढ़ जाता है।

इस प्रकार समग्र चिंतन और विश्लेषण के आधार पर कहा जा सकता है कि डॉ. दिनेश पाठक 'शशि' का सृजन अद्भुत, अतुल्य, दिशा और दृष्टिपरक है। शोध छात्र, अध्यापक, अभिभावक आदि सभी के एि उपयोगी है। बालसाहित्यकारों को उन सभी चिंताओं का समाधान करना उचित होगा जिनका इस पुस्तक में उल्लेख किया गया है।

प्रोफेसर मक्खनलाल पाराशर फीरोजाबाद ने एक बार अध्यापक प्रशिक्षण कार्यक्रम में कहा था कि एक अध्यापक को लेखक या पत्रकार अवश्य होना चाहिए। इस कथन का आशय है कि एक सच्चा अध्यापक बाल मनोविज्ञान, शिक्षा मनोविज्ञान और शिक्षा तकनीकि को भलीभाँति समझता है। अतः जब बालसाहित्य के लिए अथवा अभिभावक प्रबोधन के लिए जब अध्यापक की लेखनी से अनुभूत प्रयोगों का सृजन होगा तो और भी कल्याणकारी होगा।

डॉ. दिनेश पाठक 'शशि' उदात्त भाव-भावना सम्पन्न सम्मानित वरिष्ठ साहित्यकार ने अपनी इस पुस्तक में जिन विषयों पर विमर्श खड़ा किया वह अत्यन्त महत्वपूर्ण हैं, उनके प्रयास की मुक्त कण्ठ से सहृदय प्रशंसा करता हूँ। यह पुस्तक व्यक्तिगत और संस्थागत उपयोग के लिए बहुत उपयोगी है। यह यशस्वी हो ऐसी प्रभु से कामना करता हूँ।

डॉ. रामसेवक
निदेशक, सरस्वती विद्यामंदिर ब्रज प्रदेश प्रकाशन, मथुरा
(150, गोधूलिपुरम्, फेज-02, वृन्दाबन)
मोबा-9411655457

भूमिका

साहित्य शब्द के कर्णगामी होते ही एक ह्रदयाल्लादक चित्ताकर्षक मनोरंजक मानव मात्र के चेतस को चमत्कृत कर देने वाली ऐसी अनेकानेक रचनाओं कवि प्रयासों मनीषियों की मश्तिष्क व ह्रदय की साधना की याद दिलाता है जिसे कवि मनीषीगण अपने जीवन के सकारात्मक व नकारात्मक उभयप्रकार के अनुभवों के मिश्रण ह्रदय की सौहार्दता व सभी विषयों अनुभवो सामाजिक दैविक और भौतिक व आध्यात्मिक परिवर्तनों को ह्रदयंगम कर व शब्दों के सागर में डूबकर शब्दों के मोतियों से समाज के कल्याण परिष्कार आनन्द मनोरंजन व अन्य भी अनेक उद्देश्यों की पूर्ति करने हेतु अमूल्य विचारों सत्प्रेरणाओं व साहित्य के रसानुभव को अपनी रचनाओं से समाज को अवगत कराते हैं।

साहित्य हमेशा से अपने आनन्दवद्र्धन मनोरंजन यशः प्राप्ति एवं अर्थ प्राप्ति आदि सहज रूप से परिलक्षित होने वाले गुणों लक्षणो के लिए तो जाना ही जाता रहा हैं किन्तु ये सभी बिन्दु सम्भवतया गौड़ रूप से समझे जाने चाहिए ऐसा सभी समीक्षकों व समालोचकों द्वारा पुनः-पुनः प्रस्तावित किया गया है। साहित्य से एक रचनाकार अपने जीवन के कठिनतम एवं सरलतम दोनों ही प्रकार के अनुभवों से पक कर लिखता है। जिसके लिए वह शब्दबृह्म की साधना उत्कृष्टतम रूप में करता है। अपने अन्तर्मन में छुपी संवेदनाओं को अत्यन्त सत्यता के साथ शब्द के माध्यम से लेखनी से उकेरता है। उस साहित्य का लक्ष्य हँसी-ठिठोली या दो चार प्रशस्तियाँ तो नहीं हो सकता। यद्यपि वह सब उत्साहवद्र्धन का ही एक छोटा सा कारक हो सकता है।

इतने परिश्रम से किया गया साहित्य तो समाज का दर्पण होता है। समाज के भूत का प्रस्तुतकर्ता वर्तमान का सर्जक व भविष्य का प्रस्तावक होता हैं। साहित्य परम्पराओं का प्रदर्शक व पोषक होता है। साहित्य डूबते का तिनका व उड़ने वाले का पंख होता है। साहित्य कृष्ण की प्रेम बांसुरी है। साहित्य अर्जुन का रण गांडीव है। साहित्य मौन है

साहित्य मुखरता है। और अधिक क्या कहें साहित्य जब तक अन्तर्मन का सत्य न हो तब तक किसी के मानस पर प्रभाव डालने व परिवर्तन की क्षमता न हो नैतिकता मूल्य इतिहास देशप्रेम का पोषक न हो तब तक वह साहित्य पूर्ण नहीं हो सकता। साहित्य विभिन्न विधाओं के माध्यम से समाज को प्रेरित व सन्मार्ग प्रदर्शित करता रहा है। गद्य पद्य चम्पू आदि प्रमुख विधाएँ हैं। हमारे साहित्यकारों ने सदा ही साहित्य को समाज व देश के लिए दिशा निर्देशक के रूप में प्रस्तुत किया है इसी उपक्रम में देश के भविष्य के चरमोत्कर्ष को युवाओं को मुख्य कारक दिखाया गया है। किन्तु युवाओं के मन को प्रभावित करने की पूर्व योजना के रूप में बाल साहित्य का अत्यधिक महत्व है। एक बालक ही तो अनुकरण कर प्रेरणा लेकर एक मूल्य पुष्ट मानस के साथ एक श्रेष्ठ युवा व एक श्रेष्ठ नागरिक बनकर देश को महिमामण्डित करने का उपयुक्त साधन बन इस गौरव से अभिमण्डित होता है। बालकों के निर्मल व कोरे कागज जैसे मन पर साहित्य ही एक आदर्श प्रभाव छोड़ता है। जिससे वे योग्य मूल्यो से परिपूर्ण हो परिवार समाज व देश का गौरव बनते हैं। बाल साहित्य न केवल प्रेरक के रूप में महत्वपूर्ण है अपितु इसके रचयिता के लिए भी एक चुनौती बनकर उपस्थित होता है। क्योंकि प्रौढ़ साहित्यप्रेमी तो कई बार शुष्क व शान्त साहित्य में भी अनुभव की गहराईयों से आनन्द ढूढ़ लेते हैं किन्तु बालक के चंचल मन में उस शुष्कता के लिए कोई स्थान नहीं होता। वह तो हर जगह बाल सुलभ चंचलता को खोजता है। बालसाहित्य को लिखते समय लेखक को अपने बाल सुभाव से आत्मसात होना होता है। जिससे कि वह हर विषय को बाल मानस के कोमल भावों को स्पर्श कर सके। बालसाहित्य लेखन के समय लेखक को अपनी विद्वता को अपने गहन अनुभव को व लिखने की दक्षता को बालमन की सहजता और सरलता में डुबो देना होता है।

बालसाहित्य के लेखन हेतु लेखन व लेखकीय दायित्व को भलीभांति समझना अत्यंत आवश्यक है। जिससे कि बाल साहित्य का लेखन प्रभावी व संप्रेषक हो सके। बालसाहित्य के माध्यम से हम भारतीय परिवेश व संस्कार, ऐतिहासिक चिंतन व राष्ट्रीय भावना को

बालकों तक पहुंचा सकते हैं।

इसके साथ ही हमें बालसाहित्य के बदलते परिदृश्य व उसकी उपयोगिता पर भी ध्यान देना अत्यंत आवश्यक है तभी एक पुष्ट व बालसुलभ संप्रेषणायुक्त बाल साहित्य की रचना संभव हो सकेगी

इस पुस्तक के रचयिता डॉ दिनेश पाठक "शशि" जी ने इस पुस्तक में इन सभी विषयों पर गंभीर व चिंतन युक्त विमर्श प्रस्तुत किया है।

इस पुस्तक के माध्यम से सभी बाल साहित्कारों को बहुत सहायता प्राप्त होगी। यह पुस्तक बालसाहित्य की रचना हेतु एक नया आयाम प्रस्तुत करेगी। जिससे कि सभी बाल साहित्य के रचनाकार सकारात्मक रूप से प्रभावित व लाभान्वित होंगे।

शुभकामनाओं के साथ।

डॉ सोमकान्त त्रिपाठी
संस्कृतशिक्षकः
प्रेम महाविद्यालय इण्टर कॉलेज,
वृन्दावनम्।

1

बाल-कथा लेखन और लेखकीय दायित्व

सामान्यतः यह माना जाता है कि बच्चों के लिए लिखा गया साहित्य, बाल साहित्य है। बच्चों के लिए लिखना इतना सहज और सरल नहीं होता जितना बड़ों के लिए लिखना। बच्चों के लिए लिखते समय उनकी आयु का विशेष ध्यान रखने की आवश्यकता होती है यानि आयु के अनुसार उनके मनोविज्ञान, उनकी भावनाओं, उनके मनोरंजन व गुणों की ग्राह्य क्षमता और उनकी अपेक्षाओं आदि को ध्यान में रखकर ही बाल-साहित्य की रचना की जानी चाहिए।

आयु की दृष्टि से बाल-साहित्य को तीन वर्गों में बांटा जा सकता है। पहला तीन से पाँच वर्ष के बच्चों के लिए लिखा गया साहित्य, दूसरा पाँच से आठ वर्ष के बच्चों के लिए लिखा गया तथा तीसरा आठ से बारह वर्ष तक के बच्चों के लिए लिखा गया साहित्य।

चूंकि तीन से पाँच वर्ष के बच्चों का भाषा-ज्ञान बहुत ही कम होता है अतः उनके लिए लिखे गये साहित्य में ध्वन्यात्मकता एवं चित्रों का विशेष महत्व होता है।

पाँच से आठ वर्ष के बच्चों में जिज्ञासा बहुत प्रबल होती है। वे तरह-तरह की कल्पना करने लगते हैं। तरह-तरह के प्रश्न उनके मस्तिष्क में कुलबुलाने लगते हैं। ऐसे बच्चों को उन्हीं की भाषा में बोलने वाले पशु-

पक्षियों की रचनाएँ, लोक कथाएँ और परियों की कहानियाँ अच्छी लगती हैं।

उसके बाद आठ से बारह वर्ष की वय में आते ही बच्चों का मनोविज्ञान बदलने लगता है। उन्हें अब ज्ञान-विज्ञान की, यथार्थ जगत की घटनाओं की तथा खेल-कूद व तर्क संगत रचनाएँ पसंद आने लगती हैं।

आज के अति भौतिकतावादी और आपा-धापी के युग में जहाँ संयुक्त परिवारों की परिपाटी खत्म होकर एकल परिवारों की संख्या बड़ती जा रही है ऐसे में नन्हे-मुन्नों को- " उठो लाल अब आखें खोलो, पानी लाई मुँह धोलो" *(श्रीद्‌वारिकाप्रसादमाहेश्वरी)* जैसी लोरी या राजा-रानी व परियों की कहानियाँ या अपने पूर्वजों के बारे में जानकारी देते हुए या फिर रामचरित मानस के प्रसंगों पर बच्चे का ध्यान आकृष्ट करते हुए अच्छी-अच्छी बातें सुनाकर सुलाने के लिए और प्रभाती सुनाकर जगाने के लिए उनके पास न दादी है न बाबा है और न नाना-नानी ही हैं। माता-पिता भी जीवन की आपा-धापी में ऐसे व्यस्त हैं कि उन्हें भी अपने जिगर के टुकड़ों को पालनाघर या आया के भरोसे छोड़कर अपने कार्य स्थलों पर जाना पड़ता है और इसी प्रकार बचपन जो बच्चे के जीवन की पहली सीढ़ी होता है, बचपन जो व्यक्तित्व निर्माण में या जीवन-यात्रा में नींव का कार्य करता है, वही बचपन उन्हें 'आया' या 'पालनाघर' में बिताना पड़ता है।

आज अधिकांश बच्चों का बचपन बहुत ही त्रासद स्थितियों से गुजर रहा है। उनके माता-पिता जिन चीजों को और जिन सफलताओं को अपने जीवन में हासिल न कर सके, उनकी अपेक्षा अपने लाड़लों से करने लगते हैं। जो बच्चों के मानस पर बहुत ही प्रतिकूल प्रभाव डालती हैं। वे चाहते हैं कि उनका बालक पूरे स्कूल में सर्वाधिक अंक हासिल करे। वे चाहते हैं कि उनका बच्चा बड़ा होकर उनकी अपेक्षाओं पर खरा उतरे। वे अपने बच्चों से जो अपेक्षाएँ करते हैं उन अपेक्षाओं की संपूर्ति में जिस ईंधन की, जिस तपस्या की आवश्यकता होती है, उस बारे में सोचने की भी उनके पास फुर्सत नहीं होती। उदाहरण स्वरूप वे अपने बालक को पुस्तक में लिखे अनुसार "प्रातः भ्रमण" पर निबन्ध रटाना

तो चाहते हैं पर स्वयं प्रातः जल्दी बिस्तर छोड़कर, अपने साथ अपने बच्चे को भी "प्रातः भ्रमण" पर ले जाकर, उसे व्यावहारिक ज्ञान नहीं देना चाहते।बाग-बगीचा,पेड़-पौधे, चहचहाती चिड़िया, कूंकते मोर, पीहू-पीहू करता पपीहा और कूंकती कोयल को प्रातः भ्रमण के समय बच्चे को दिखाकर जो व्यवहारिक ज्ञान उन्हें दिया जा सकता है और बच्चा उसे बिना रट्टा लगाये सहज ही हृदयंगम कर सकता है वह पुस्तक में लिखे हुए को रटकर नहीं कर सकता।

स्वयं टी.वी. चैनलों से चिपके रहकर बच्चे को दूसरे कमरे में जाकर पढ़ने का उपदेश देते हुए भी बहुत से अभिभावक देखे जा सकते हैं या फिर स्वयं वाट्सअप और फेसबुक या सोशल मीडिया के उपयोग के समय यह भी भूल जाते हैं कि उनका बच्चा भी अपनी पुस्तक में मुँह छुपाकर उन्हीं की ओर कान और ध्यान लगाये हुए है।

बाल-मनोवैज्ञानिकों का ऐसा मानना है कि स्वस्थ बाल-साहित्य पढ़ने से बच्चों का विकास अधिक तीव्रता से होता है क्योंकि पढ़ना केवल भौतिक अनुभव ही नहीं बल्कि उसके द्वारा भावनात्मक अनुभव भी प्राप्त होता है। इसलिए बाल-साहित्य बच्चों की रुचि, उत्सुकता तथा महत्वाकांक्षा को परिष्कृत रूप प्रदान करता है। अच्छा बाल साहित्य उन्हें देश-प्रेम, एकता, त्याग, शौर्य, स्वाभिमान व मानव मूल्यों के प्रति प्रेरित कर नैतिकता की ओर अग्रसर करता है उन्हें स्वाभिलम्बी बनाता है।

बाल-साहित्य कई विधाओं में रचा जा रहा है यथा- बाल-काव्य (गीत,कविता) बाल-नाटक, बाल-एकांकी, बाल-प्रहसन, चित्र-कथा, बाल-पहेली, बाल-उपन्यास और बाल-कथा आदि।

यदि हम बाल-कथा की बात करें तो बाल-कथा का लेखन बहुत ही प्राचीन काल से हो रहा है। समय-समय पर इसके रूपों में समयानुकूल परिवर्तन होते रहे हैं। उपनिषद, रामायण, महाभारत एवं श्रीमद्भागवत आदि धर्मग्रन्थों की कहानियाँ, जैन और बौध्दों की जातक कथाएँ एवं बोध-कथाएँ तथा हितोपदेश, पंचतंत्र आदि की कहानियों के बाद मध्यकाल में इसका रूप परिवर्तित हुआ और नया रूप आल्हा-ऊधल के रूप में , अमीर-खुसरों की पहेलियों के रूप में और फिर बालकृष्ण-

बलराम व सखाओं की क्रीड़ाओं के रूप में लिखा गया। उसके और बाद में फिर सिंहासन बत्तीसी, बेताल पच्चीसी जैसी रचनाएँ हुईं जिनमें कथा-तत्व प्रमुख रूप से रहा।

इसके भी बाद यानि आचार्य महावीर प्रसाद द्विवेदी युग में जो बाल साहित्य आया उसमें बाल रामायण और बाल भागवत जैसी पुस्तकें रची गईं जिनसे प्रेरित होकर बहुत से साहित्यकारों ने लीक से हटते हुए पेड़-पौधों एवं पशु-पक्षियों को कहानी का पात्र बनाकर उनपर आधारित कहानियाँ लिखीं।

स्वतंत्रता काल में अनेक बाल पत्रिकाओं का प्रकाशन आरम्भ हुआ फलतः बाल साहित्य में वैज्ञानिक दृष्टिकोण का समावेश हुआ।

स्वतंत्रता के बाद बालकहानियों के लेखन में एक विशेष परिवर्तन हुआ। अब बाल कहानियों में बाल-अनुभूति पर आधारित कहानियाँ लिखी जाने लगीं। इनमें यथार्थ परकता की अधिकता होने लगी। साथ ही वैज्ञानिक कथा साहित्य के लेखन में भी वृध्दि हुई और भूत-प्रेत तथा राजा-रानी की कहानियाँ पीछे छूटने लगीं।

आज का परिवेश अति आधुनिक तकनीकी से बच्चों को अवगत करा रहा हैं आज तीन से पाँच वर्ष की आयु वर्ग का बालक भी टेलीविजन के रिमोट को आपरेट करके अपना मनपसंद सीरियल डोरीमान, मोटू-पतलू और निंजा हथैड़ी जैसे सीरियल देख लेता है। इतना ही नहीं वह टच स्क्रीन वाले मोबाइल पर भी अपनी उंगलियों व अंगूठे के स्पर्श से कार रेस जैसे गेम बखूबी खेल लेता है व लैपटाप और कम्प्यूटर पर भी अपनी बुध्दि अनुसार माउस का प्रयोग करना जानता है। ऐसे समय में और ऐसे तीव्र बुध्दि वाले बच्चों के लिए लिखना आज के समय में बाल साहित्यकार के लिए चुनौतीपूर्ण कार्य है। आज बच्चों को किसी भी विधा द्वारा सीधे-सीधे उपदेश नहीं दिया जा सकता बल्कि बाल साहित्यकार को अपनी बाल कथाओं में ऐसा शिल्प पैदा करना होगा कि बालक स्वयं ही उस कहानी में छुपी हुई सीख को ढूढ़े और उस रचना के प्रति खुद-ब-खुद उसमें उत्सुकता उत्पन्न हो।

आज के अतिभौतिकतावादी युग में अधिकांश अभिभावक, बाल मनोविज्ञान को समझे बिना, बच्चे की भावनाओं को आहत करते हुए

तथा उनपर चीखते-चिल्लाते हुए देखे जा सकते हैं। बच्चे को मारते-पीटते हुए वे अनजाने में ही अपने बच्चे के अन्दर झूठ और चोरी जैसे कुसंस्कारों का बीज बो देते हैं। ऐसे में बाल-कथाकारों और बाल पत्र-पत्रिकाओं का दायित्व और भी बढ़ जाता है क्योंकि बालकों का मन सुकोमल और कोरे कागज सरीखा होता है। उनके बाल मन पर जो भी इबारत लिख दी जाय, ताउम्र वे उसमें ढल जाते हैं।

अच्छे बाल-कथा साहित्य की रचना वही रचनाकार कर सकता है जिसके हृदय में बालोचित क्रीड़ाओं की स्मृतियाँ जीवित हों और जिनमें बाल-भावनाओं की सरिता प्रवहमान हो। आज बहुत से बाल-साहित्यकार हैं जो बाल-मनोविज्ञान को समझते हुए ,स्वयं बच्चा बनकर, समयानुकूल बहुत अच्छी बाल-रचनाएँ लिख रहे हैं।

***

2

बाल साहित्य में भारतीय संस्कार और परिवेश की भूमिका

बाल-साहित्य कई विधाओं में रचा जा रहा है यथा- बाल-काव्य (गीत,कविता) बाल-नाटक, बाल-एकांकी, बाल-प्रहसन, चित्र-कथा, बाल-पहेली, बाल-उपन्यास और बाल-कथा आदि।

साहित्य चाहे गद्य में रचा गया हो या पद्य में, विधा कोई भी हो, साहित्यकार जो भी लिखता है उसकी भावभूमि और कथानक वह अपने आसपास से या अपने अनुभव और अनुभूतियों के आधार पर ही चुनता है। कहना न होगा कि बाल साहित्य-लेखन पर भी परिवेश का प्रभाव अवश्यम्भावी पड़ता है। जिस देशकाल और परिवेश में किसी रचना का सृजन हुआ है वह निश्चित रूप से उस रचना में परिलक्षित होता है। उदाहरण स्वरूप आज का परिवेश अति आधुनिक तकनीकी युक्त है फलतः आज तीन से पाँच वर्ष की आयु वर्ग का बालक भी टेलीविजन के रिमोट को ऑपरेट करके अपना मनपसंद सीरियल सीरियल देख लेता है। इतना ही नहीं वह टच स्क्रीन वाले मोबाइल पर भी अपनी उंगलियों व अंगूठे के स्पर्श से कार रेस जैसे गेम बखूबी खेल लेता है व लैपटॉप और कम्प्यूटर पर भी अपनी बुध्दि अनुसार माउस का प्रयोग करना जानता

है और इस परिवेशगत बदलाव का समावेश बाल साहित्य में देखने को मिल रहा है। आज का बाल साहित्यकार अपनी रचनाओं में मोबाइल, लैपटॉप, टैबलेट और अनेकानेक आधुनिक यंत्रों के विभिन्न विषयों को अपने लेखन में शामिल कर रहा है।

बच्चे का कोमल हृदय, कोरे कागज सरीखा साफ और निर्मल होता है अतः बालक के हृदय में अच्छे संस्कारों को पैदा करना तथा राष्ट्रीय भावना को जाग्रत करना अधिक सरल होता है इसलिए सद्साहित्य में भी बाल साहित्य की भूमिका अधिक महत्वपूर्ण होती है और इस बात को हिन्दी बाल साहित्य के लेखक भली भाँति जानते थे इसीलिए तो उनके बालसाहित्य में भारतीय संस्कार प्रचुर मात्रा में परिलक्षित होते हैं।

गुरु की आज्ञापालन का महत्व सिखाने के लिए आरुणि की कथा लिखी गई, एकनिष्ठ और एकाग्र समर्पण की भावना को बच्चों के हृदय में प्रतिस्थापित करने के लिए एकलव्य की कथा लिखी गई तो दूसरों के हित के लिए अपने प्राणों तक की आहुति देकर अपनी हड्डियों तक का दान कर देने वाले दाधीचि जी के चरित्र का उल्लेख किया गया और दानी कर्ण के माध्यम से दान और वचन के महत्व को दर्शाया तो राजा हरिश्चंद्र के चरित्र द्वारा मनुष्य के वचनों के मूल्य को दर्शाते हुए रचना की गई।

बच्चों को देश-प्रेम, एकता, त्याग, शौर्य, बड़ों का सम्मान, स्वच्छता, समय पालन, स्वाभिमान व मानव मूल्यों के प्रति प्रेरित कर नैतिकता की ओर अग्रसर करना और उन्हें स्वाभिलम्बी बनाना भारतीय संस्कारों का ही सुफल है।

रोज सबेरे हम उठ जाते,
सभी बड़ों को शीश झुकाते
जीभ-दांत साफ नित करते,
फिर पानी से खूब नहाते।
कपड़े साफ पहनते हम,
माँ के प्यारे बेटे हम।
(सुमन एक उपवन के, श्री ललित कुमार वाजपेयी उन्मुक्त, पृष्ठ -7)

आदि काल से ही हिन्दी बालसाहित्य में भारतीय संस्कारों का प्रभाव परिलक्षित होता है। चाहे वह उपनिषद, रामायण, महाभारत एवं श्रीमद्भागवत आदि धर्मग्रन्थों की कहानियाँ हों या जैन और बौध्दों की जातक कथाएँ एवं बोधकथाएँ तथा हितोपदेश, पंचतंत्र आदि की कहानियों हों या फिर मध्यकाल में आल्हा-ऊधल के रूप में, अमीर-खुसरों की पहेलियों के रूप में और फिर बालकृष्ण- बलराम व सखाओं की क्रीड़ाओं के रूप में बाल साहित्य हो।

सिंहासन बत्तीसी, बेताल पच्चीसी जैसी रचनाएँ और इसके भी बाद में जो बाल साहित्य आया उसमें बाल रामायण और बाल भागवत जैसी पुस्तकें सभी परिवेशगत प्रभावों की साक्षी हैं।

स्वतंत्रता काल में रची गई अनेक रचनाएं इस बात को प्रमाणित करती हैं कि परिवेशगत राजनीतिक उथल-पुथल, साहित्य एवं समाज को प्रभावित करती ही है। उस दौर में जो हिन्दी बाल साहित्य रचा गया उसमें बाल और युवाओं को देश के प्रति समर्पित होने और रणबांकुरों की भाँति अपना शौर्य दिखाने की प्रेरणा परिलक्षित होती है-

सुभद्रा कुमारी चौहान द्वारा लिखी गई रानी लक्ष्मीबाई के शौर्य और पराक्रम का सजीव चित्र उपस्थित करती यह रचना जन-जन की ज़ुबान पर रहती है-

"बुन्देले हरबोलों के मुँह
हमने सुनी कहानी थी
खूब लड़ी मर्दानी वह तो
झाँसी वाली रानी थी।

मेवाड़ के महाराणा प्रताप को अपने घोड़े चेतक से बड़ा लगाव था। चेतक बड़ा ही निर्भीक और वफादार घोड़ा था और उसके गुणों के कारण ही उसे बाल कविताओं में महाराणा प्रताप के साथ ही प्रमुखता से स्थान दिया गया। चेतक घोड़े की वीरता और बुद्धिमत्ता और उसके गुणों का बखान करते हुए श्री श्यामनारायण पाण्डेय जी ने जो कविता लिखी वह अद्वितीय है-

रण बीच चौकड़ी भर-भर कर
चेतक बन गया निराला था

महाराणा प्रताप के घोड़े से
पड़ गया हवा का पाला था।
जो तनिक हवा से हिली नहीं
लेकर सवार उड़ जाता था
राणा की पुतली फिरी नहीं
तब तक चेतक मुड़ जाता था।

आजादी से पहले का जो परिवेश था उसमें देशवासी आपसी मेल-मिलाप और बच्चों एवं युवाओं को जाग्रत करने के लिए प्रभात फेरी निकाला करते थे जिनमें गुप्त रूप से देश के प्रति कर्तव्यों के पालन और सजगता के संदेश समाहित रहते थे। पं. बंसीधरशुक्ल की प्रभातियाँ देश की आजादी में मील का पत्थर साबित हुई-

उठो सोने वालो सबेरा हुआ है
वतन के पहरुओं का फेरा हुआ है।

और श्री श्यामलालगुप्त पार्षद जी का यह झंडा गीत बालकों के अन्दर देश भक्ति की भावना की उत्पत्ति करते हुए अनेक नौजवानों और नवयुवतियों के लिए देश पर मर मिटने हेतु प्रेरणा का श्रोत भी बना-

विजयी विश्व तिरंगा प्यारा
झंडा ऊंचा रहे हमारा।
इसकी शान न जाने पाये
चाहे जान भले ही जाये।
मातृभूमि का तन मन सारा
झंडा ऊंचा रहे हमारा।

आचार्य नीरज शास्त्री जी ने अपनी पुस्तक-'अमर वीरबलिदानी' में क्रान्तिकारियों के बारे में 'प्रेरणा' के अन्तर्गत लिखा है-

राष्ट्र वेदी पर करें हम प्राण अर्पित
राष्ट्र हेतु रक्त का कण-कण समर्पित।

भारतीय संस्कार ही हैं जो बाल साहित्य के माध्यम से मधुर और कटु बचनों के अन्तर को स्पष्ट करते हैं-

कौआ किस का धन हर लेता,
कोयल किसको दे देती है?

केवल मीठे बोल सुनाकर,
वश में सबको कर लेती है।
(बच्चों के गांधी की सौगात, द्‌वारिकाप्रसाद माहेश्वरीपृष्ठ-2)
***

मीठे बचन लुभाते सब को,
सब अपने बन जाते हैं।
रूखे-सूखे कर्कश स्वर तो,
नहीं किसी को भाते हैं।

(मधुर-मधुर हँसते रहना, सुकीर्तिभटनागर पृष्ठ-31) भारतीय संस्कार दूसरों पर उपकार करने वाले होते हैं। अनेक बाल रचनाओं में यह तथ्य उजागर होता है-

खिलो फूल से क्योंकि कभी वे,
अपने लिए नहीं खिलते हैं
फलो वृक्ष-से क्योंकि कभी वे,
अपने लिए नहीं फलते हैं।
(बच्चों के गांधी की सौगात, द्‌वारिकाप्रसाद माहेश्वरी पृष्ठ-2*)*
***

प्राचीन काल में घर-परिवार में लड़कियों को लड़कों से कमतर या कम महत्व योग्य समझा जाता रहा है। उसी परिवेशगत प्रभाव को एक लड़की की निरीहता को बहुत ही मार्मिक ढंग से प्रस्तुत करती पद्‌मश्री डॉ. उषा यादव जी की यह कविता सोचने पर विवश करती नजर आती है-

आज फट गया मेरा जूता
अब तो नया दिलाओ मम्मी
मुझपर मत गुस्साओ मम्मी।
जान-बूझकर मैंने अपना
जूता फाड़ा, क्यों कहती हो
तुम्हें तंग करने की खातिर
काम बिगाड़ा, क्यों कहती हो
एक बार मेरी बातों पर

तनिक भरोसा लाओ मम्मी।

(पृष्ठ-184, प्रतिनिधि बाल कविता-संचयन)

***

बादलों के माध्यम से परउपकार को दर्शाती लायकराम मानव जी की यह कविता-

उनके जल से ही किसान,
खेतों में अन्न उगाते।
मिट जाते हैं खुद, औरों का
जीना सुखी बनाते।

(एकता जिन्दाबाद , लायकराम मानव, पृष्ठ-13)

भारत के ऋषि-मुनियों ने समय के महत्व को दर्शाया है और इस बात को अनेक बालसाहित्यकारों ने अपनी रचनाओं के माध्यम से व्यक्त किया है-

ठीक समय पर जागें भैया,
ठीक समय सो जायें।
ठीक समय पर खाना खाकर,
पढ़ने को हम जायें ।
ठीक समय पर पाठ पढ़े तो,
याद उसे कर पायें।
ठीक समय पर खेल खेलने,
बच्चों के संग जायें।

(नन्हे-मुन्ने गायें गीत, डॉ.सरोजिनी कुलश्रेष्ठ , पृष्ठ -10)

***

टिक-टिक, टिक-टिक करे घड़ी,
क्या कहती है अरे घड़ी
कहती जो चलते जाते हैं,
वे अपनी मंजिल पाते हैं।

(चल मेरे घोड़े, डॉ.नागेश पाण्डेय संजय, पृष्ठ -5)

***

समय कभी न रुकता भाई,

टिक-टिक घड़ी रोज बतलाती
सफल वही समझो दुनिया मे,
जिसको बात घड़ी की भाती।
(वाह जलेबी, जगदीश गुप्त पृष्ठ -21)
***
टिक-टिक, टिक-टिक चले रात-दिन,
हमको समय बताती।
पल-पल की कितनी कीमत है,
जैसे हमें जताती।
सदा समय पर काम करें वे,
आगे बढ़ते जाते।
समय गंवाने वाले जग में,
पीछे ही रह जाते।
(गीत सुहाने बचपन के, डॉ.भैरूंलाल गर्ग, पृष्ठ -11)
***
एक बार जो बीत गया वह,
समय न वापस आता है
समय गंवाने वाला बंदा,
सिर धुनता-पछताता है।
(आओ बच्चो गायेंगीत,डॉ.गोपालकृष्ण शर्मा मृदुल,पृष्ठ-77)

एकता में ही शक्ति है, भारतीय संस्कार भी यही सिखाते हैं। एकता की शक्ति को पहचान कर उसे आत्मसात करने का प्रयास किया है और उसी के फलस्वरूप बाल साहित्य में भी इस तरह के अनेक आख्यान दृष्टव्य हैं-चाहे वे आपस में झगड़ने वाले पुत्रों को लकड़ी के गट्ठर को तोड़ने वाली कहानी के माध्यम से सीख दी गई हो या किसी कविता के माध्यम से-

आओ भैया एक बनें
भेदभाव तज नेक बनें।
(आओ बांटें यादें बचपन की ,डॉ.रमेश चंद खरे पृष्ठ -15)
***

जीते हो तो खुशी मनाओ,
हारे हो तो मत पछताओ।
मिलकर के खेलो खेल,
मत करना तुम ठेलम-ठेल।
खेल भावना से खेल करो,
आपस में तुम मेल करो।
(मीठे जामुन, उदय किरोला पृष्ठ-7)

मानव जीवन में अनेक कठिनाइयाँ आती हैं किन्तु उनसे घबराना नहीं चाहिए बल्कि डटकर उनका मुकाबला करना चाहिए। यही भारतीय संस्कार हमारे बालसाहित्य में परिलक्षित हैं-

कठिन नहीं है कुछ भी,
झरना कहता है
जो चट्टानों से
टकराकर बहता है।
उलझन कुछ भी नहीं,
बताती मकड़ी है
जो चढ़ने के लिए
ठोकरें सहती है।
सर्दी वर्षा-घाम, सहा पाषाणों ने
इससे उनको पूजा
दुनिया वालों ने।
सोच समझकर करो,
सफल हो जाओंगे,
रेंग-रेंग कर भी
मंजिल पा जाओगे।
(अस्सी नब्बे पूरे सौ, डॉ. राष्ट्रबन्धु, पृष्ठ -17)

ऊँचे-नीचे, टेड़े-मेड़े,
पथरीले पथ जीवन के ये।
इनपर चलना संभल-संभल कर,
इनपर चलना मचल-मचल कर।

इनसे तनिक नहीं घबराना,
इनसे तनिक नहीं कतराना।
उसे विहान मिले खुशियों का,
जो भी इनपर चलकर देखे।
(नये निराले गीत, घमण्डीलाल अग्रवाल, पृष्ठ -54)

जीवन में स्वाध्याय और स्वच्छता के महत्व को दर्शाने वाले भारतीय संस्कारों का प्रभाव भी बालसाहित्य पर प्रचुर मात्रा में परिलक्षित है-

बिना हाथ-मुँह धोये यदि हम, ऐसे ही खाना खायेंगे
तो फिर बहुत सूक्ष्म रोगाणु, भोजन में ही मिल जायेंगे।
भोजन के संग पहुँच पेट में,
रोग बहुत से फैलायेंगे
बीमारी से लड़ते-लड़ते,
स्वस्थ नही हम रह पायेंगे।
इन सबसे यदि बचना है तो,
नियम आज ही से अपनायें
भोजन करने से पहले हम,
हाथ-पैर मुंह धोकर आयें।
(मेरा मन बहलाये गिलहरी, राजेन्द्र श्रीवास्तव, पृष्ठ -26)

जीवनमूल्य जैसे- पानी की बचत, अन्न के हर दाने की बचत, बिजली की बचत, समय की बचत तथा कर्तव्यपरायणता आदि भारतीय संस्कारों को कई बाल साहित्यकारों की विविध विधाओं की बाल रचनाओं में देखा जा सकता है। डॉ. शोभा अग्रवाल चिलबिल के नाटक-होली की गुझिया' में गरीबों के प्रति सहानुभूति का भाव पैदा करने वाले संस्कारों को परिपुष्ट करते विचार-"“दादी! आपकी बात मेरे मन में बैठ गई। अब हर साल हम सब अपने हिस्से की कम-से-कम एक-एक गुझिया गरीब बच्चों को खिलाएँगे। (पृष्ठ 16 द्रष्टव्य हैं।)

भारतीय संस्कारों में जल, अग्नि, आकाश, वायु और पीपल, नीम, तुलसी, आदि अनेकानेक वृक्षों को भी देवतुल्य मानकर उनकी पूजा आदि का विधान है। अरविन्द कुमार साहू जी की कृति-नीम भवानी

इसका प्रत्यक्ष उदाहरण है। साहू जी नीम के वृक्ष के गुणों को व्याख्यायित करते हुए लिखते हैं-

औषधि चमत्कार के कारण,
इसका गुण गाया जाता है
च्रक संहिता, सुश्रुत संहिता,
सब इसके हजार गुण गाते।
रोग-कीट से सदा मुक्त जो,
आजादी का वृक्ष बताते।
लकड़ी या रुपयों के कारण,
हरे पेड़ को मत कटवाना।
नीम हमारी पुरखिन लगती,
इस देवी के प्राण बचाना।
(नीम भावानी, अरविन्द कुमार साहू, पृष्ठ -17)

निष्कर्षतः बालसाहित्य में भारतीय संस्कारों एवं परिवेश की भूमिका सर्वत्र दृष्टि गोचर होती है। इसे नकारा नहीं जा सकता। मेरे इस आलेख में समाहित उदाहरण ही सम्पूर्ण नहीं हैं बल्कि अनेकानेक बाल साहित्यकारों की अनेकानेक रचनाएँ इस बात की साक्षी हैं।

***

3

बालकथा लेखन : बदलते परिदृश्य

सामान्यतः यह माना जाता है कि बच्चों के लिए लिखा गया साहित्य ,बाल साहित्य है। बच्चों के लिए लिखना इतना सहज नहीं होता जितना बड़ों के लिए लिखना। बच्चों के लिए लिखते समय उनकी आयु का विशेष ध्यान रखने की आवश्यकता होती है यानि आयु के अनुसार उनके मनोविज्ञान, उनकी भावनाओं और उनकी अपेक्षाओं आदि को ध्यान में रखकर ही बाल-साहित्य की रचना करनी चाहिए।

आयु की दृष्टि से बाल-साहित्य को तीन वर्गों में बांटा जा सकता है। पहला तीन से पाँच वर्ष के बच्चों के लिए लिखा गया साहित्य, दूसरा पाँच से आठ वर्ष के बच्चों के लिए लिखा गया तथा तीसरा आठ से बारह वर्ष तक के बच्चों के लिए लिखा गया साहित्य।

चूंकि तीन से पाँच वर्ष के बच्चों का भाषा-ज्ञान बहुत ही कम होता है अतः उनके लिए लिखे गये साहित्य में ध्वन्यात्मकता एवं चित्रों का विशेष महत्व होता है।

पाँच से आठ वर्ष के बच्चों में जिज्ञासा बहुत प्रबल होती है। वे तरह-तरह की कल्पना करने लगते हैं। तरह-तरह के प्रश्न उनके मस्तिष्क में कुलबुलाने लगते हैं। ऐसे बच्चों को उन्हीं की भाषा में बोलने वाले पशु-पक्षियों की रचनाएँ,लोक कथाएँ और परियों की कहानियाँ अच्छी लगती

है।

उसके बाद आठ से बारह वर्ष की वय में आते ही बच्चों का मनोविज्ञान बदलने लगता है। उन्हें अब ज्ञान-विज्ञान की,यथार्थ जगत की घटनाओं की तथा खेल-कूद व तर्क संगत कथाएँ पसंद आने लगती हैं।

बाल-मनोवैज्ञानिकों का ऐसा मानना है कि स्वस्थ बाल-साहित्य पढ़ने से बच्चों का विकास अधिक तीव्रता से होता है क्योंकि पढ़ना केवल भौतिक अनुभव ही नहीं बल्कि उसके द्वारा भावनात्मक अनुभव भी प्राप्त होता है। इसलिए बाल-साहित्य बच्चों की रुचि,उत्सुकता तथा महत्वाकांक्षा को परिष्कृत रूप प्रदान करता है। अच्छा बाल साहित्य उन्हें देष-प्रेम, एकता, त्याग, शौर्य, स्वाभिमान व मानव मूल्यों के प्रति प्रेरित करता है।

बाल-साहित्य कई विधाओं में रचा जा रहा है यथा- बाल-गीत, बाल-नाटक, बाल- एकांकी, बाल-प्रहसन,चित्र-कथा,बाल-पहेली,बाल-उपन्यास और बाल-कथा आदि।

यदि हम बाल-कथा की बात करें तो बाल-कथा का लेखन बहुत ही प्राचीन काल से हो रहा है। समय-समय पर इसके रूपों में समयानुकूल परिवर्तन होते रहे हैं। -

उपनिषद, रामायण, महाभारत एवं श्रीमद्भागवत आदि धर्मग्रन्थों की कहानियाँ, जैन और बौध्दों की जातक कथाएँ एवं बोध-कथाएँ तथा हितोपदेश, पंचतंत्र आदि की कहानियों के बाद मध्यकाल में इसका रूप परिवर्तित हुआ और नया रूप आल्हा-ऊधल के रूप में , अमीर-खुसरों की पहेलियों के रूप में और फिर बाल-कृष्ण,बलराम व सखाओं की क्रीड़ाओं के रूप में लिखा गया।

उसके और बाद में फिर सिंहासन बत्तीसी,बेताल पच्चीसी जैसी रचनाएँ हुईं जिनमें कथा-तत्व प्रमुख रूप से रहा।

इसके भी बाद यानि आचार्य महावीर प्रसाद द्विवेदी युग में जो बाल साहित्य आया उसमें बाल रामायण और बाल भागवत जैसी पुस्तकें रची गईं जिनसे प्रेरित होकर बहुत से साहित्यकारों ने लीक से हटते हुए पेड़-पौधों एवं पशु-पक्षियों पर आधारित कहानियाँ लिखीं।

स्वतंत्रता काल में अनेक बाल पत्रिकाओं का प्रकाशन आरम्भ हुआ फलतः बाल साहित्य में वैज्ञानिक दृष्टिकोण का समावेश हुआ।

स्वतंत्रता के बाद बाल कहानियों के लेखन में एक विशेष परिवर्तन हुआ। अब बाल कहानियों में बाल-अनुभूति पर आधारित कहानियाँ लिखी जाने लगीं। इनमें यथार्थपरकता की अधिकता होने लगी। साथ ही वैज्ञानिक कथा साहित्य के लेखन में भी वृध्दि हुई और भूत-प्रेत तथा राजा-रानी की कहानियाँ पीछे छूटने लगीं।

आज का परिवेश अति आधुनिक तकनीकी से बच्चों को अवगत करा रहा हैं आज तीन से पाँच वर्ष की आयु वर्ग का बालक भी टेलीविजन के रिमोट को ऑपरेट करके अपना मनपसंद सीरियल डोरीमान,मोटू-पतलू और निंजा हथैड़ी जैसे सीरियल देख लेता है। इतना ही नहीं वह टच स्क्रीन वाले मोबाइल पर भी अपनी उंगलियों व अंगूठे के स्पर्श से कार रेस जैसे गेम बखूबी खेल लेता है व लैपटॉप और कम्प्यूटर पर भी अपनी बुध्दि अनुसार माउस का प्रयोग करना जानता है।

ऐसे समय में और ऐसे तीव्र बुध्दि वाले बच्चों के लिए लिखना आज के समय में बाल साहित्यकार के लिए चुनौतीपूर्ण कार्य है। आज बच्चों को किसी भी विधा द्वारा सीधा-सीधा उपदेश नहीं दिया जा सकता बल्कि बाल साहित्यकार को अपने लेखन में ऐसा शिल्प पैदा करना होगा कि बालक स्वयं ही उस रचना में छुपी हुई सीख को ढूढ़े और उस रचना के प्रति खुद-ब-खुद उसमें उत्सुकता उत्पन्न हो।

आज के अति भौतिकतावादी और आपा-धापी के युग में जहाँ संयुक्त परिवारों की परिपाटी खत्म होकर एकल परिवारों की संख्या बड़ती जा रही है ऐसे में नन्हे-मुन्नों को लोरी या राजा-रानी व परियों की कहानियाँ सुनाकर सुलाने के लिए और प्रभाती सुनाकर जगाने के लिए उनके पास न दादी है न बाबा है और न नाना-नानी ही हैं। माता-पिता भी जीवन की आपा-धापी में ऐसे व्यस्त हैं कि उन्हें भी अपने जिगर के टुकड़ों को छोड़कर अपने कार्य स्थलों पर जाना पड़ता है और इसी प्रकार बचपन जो बच्चे के जीवन की पहली सीढ़ी होता है, बचपन जो व्यक्तित्व निर्माण में या जीवन-यात्रा में नींव का कार्य करता है, वही बचपन उन्हें 'आया' या 'पालनाघर' में बिताना पड़ता है।

आज अधिकांश बच्चों का बचपन बहुत ही त्रासद स्थितियों से गुजर रहा है। उनके माता-पिता जिन चीजों को ,जिन सफलताओं को अपने जीवन में हासिल न कर सके, उनकी अपेक्षा अपने लाड़लों से करने लगते हैं। वे चाहते हैं कि उनका बालक पूरे स्कूल में सर्वाधिक अंक हासिल करे। वे अपने बालक को "प्रातः भ्रमण" पर निबन्ध रटाना तो चाहते हैं पर स्वयं प्रातः जल्दी बिस्तर छोड़कर, अपने साथ अपने बच्चे को भी "प्रातः भ्रमण" पर लेजाकर, उसे व्यावहारिक ज्ञान नहीं देना चाहते।

बाल मनोविज्ञान को समझे बिना, बच्चे की भावनाओं को आहत करते हुए वे उनपर चीखते-चिल्लाते हुए देखे जा सकते हैं। बच्चे को मारते-पीटते हुए वे अनजाने में ही अपने बच्चे के अन्दर झूठ और चोरी जैसे कुसंस्कारों का बीज बो देते हैं।

ऐसे में बाल-कथाकारों और बाल पत्र-पत्रिकाओं का दायित्व और भी बढ़ जाता है क्योंकि बालकों का मन सुकोमल और कोरे कागज सरीखा होता है। उनके बाल मन पर जो भी इबारत लिख दी जाय, ताउम्र वे उसमें ढल जाते हैं।

आज बहुत से बाल-कथाकार हैं जो बाल-मनोविज्ञान को समझते हुए ,स्वयं बच्चा बनकर,समयानुकूल बहुत अच्छी बाल-कथाएँ लिख रहे हैं। मैं उन सबको नमन करता हूँ।

***

4

हिन्दी बालसाहित्य में एतिहासिक चिंतन

साहित्य चाहे गद्य में रचा गया हो या पद्य में, देशकाल एवं वातावरण से अछूता नहीं रह सकता। यह सर्वथा सत्य है। जिसकाल खण्ड में वह रचा गया है, उस कालखण्ड की अमिट छाप उसमें परिलक्षित होती ही है।

हिन्दी बाल साहित्य की अगर बात करें तो कहना अतिशयोक्तिपूर्ण नहीं होगा कि किसी भी देश की अगर नींव मजबूत करनी है, तो उसके बच्चों को सुसंस्कारित करना होगा क्योंकि एक सुसंस्कारित बालक ही राष्ट्र का भावी कर्णधार होता है अतः जिस राष्ट्र के बच्चे सुसंस्कारित होंगे निश्चित ही वह राष्ट्र एक मजबूत और सुदृढ़ राष्ट्र होगा। उस राष्ट्र का भविष्य उज्जवल होगा।

यदि राष्ट्रीय भावना के विकास में कोई चीज सहायक हो सकती है तो वह है सद्साहित्य।

चूकि बच्चे का कोमल हृदय, कोरे कागज सरीखा साफ और निर्मल होता है अतः बालक के हृदय में अच्छे संस्कारों को पैदा करना तथा राष्ट्रीय भावना को जाग्रत करना अधिक सरल होता है इसलिए सद्साहित्य में भी बाल साहित्य की भूमिका अधिक महत्वपूर्ण होती है और इस बात को हिन्दी बाल साहित्य के लेखक भली भाँति जानते थे इसीलिए तो उन्होंने गुरु की आज्ञापालन का महत्व सिखाने के लिए

आरुणि की कथा लिखी, एकनिष्ठ और एकाग्र समर्पण की भावना को बच्चों के हृदय में प्रतिस्थापित करने के लिए एकलव्य की कथा लिखी, तो दूसरों के हित के लिए अपने प्राणों तक की आहुति देकर अपनी हड्डियों तक का दान कर देने वाले दाधीचि जी के चरित्र का उल्लेख किया गया और दानी कर्ण के माध्यम से दान और वचन के महत्व को दर्शाया तो राजा हरिश्चंद्र के चरित्र द्वारा मनुष्य के वचनों के मूल्य को दर्शाते हुए एतिहासिक चिंतन की अवधारण को पुष्ट किया।

बाल-मनोवैज्ञानिकों का भी मानना है कि स्वस्थ बाल-साहित्य पढ़ने से बच्चों का विकास अधिक तीव्रता से होता है क्योंकि पढ़ना केवल भौतिक अनुभव ही नहीं बल्कि उसके द्वारा भावनात्मक अनुभव भी प्राप्त होता है। इसलिए बाल-साहित्य बच्चों की रुचि, उत्सुकता तथा महत्वाकांक्षा को परिष्कृत रूप प्रदान करता है। अच्छा बालसाहित्य उन्हें देश-प्रेम, एकता, त्याग, शौर्य, स्वाभिमान व मानव मूल्यों के प्रति प्रेरित कर नैतिकता की ओर अग्रसर करता है उन्हें स्वाभिलम्बी बनाता है और हिन्दी बालसाहित्य में ये सभी एतिहासिक चिंतन देशकाल एवं वातावरण के अनुरूप कूट-कूट भरे हुए हैं।

हिन्दी बालसाहित्य का एतिहासिक चिंतन यदि देखना हो तो उपनिषद, रामायण, महाभारत एवं श्रीमद्भागवत आदि धर्मग्रन्थों की कहानियाँ, जैन और बौध्दों की जातककथाएँ एवं बोधकथाएँ तथा हितोपदेश, पंचतंत्र आदि की कहानियों के बाद मध्यकाल में आल्हा-ऊधल के रूप में, अमीर-खुसरों की पहेलियों के रूप में और फिर बालकृष्ण-बलराम व सखाओं की क्रीड़ाओं के रूप में देखा जा सकता है।

कथाओं को बालमन के उपयुक्त समझते हुए ही नेशनल काउन्सिल आफ एजूकेशन रिसर्च एण्ड ट्रेनिंग ने बाल रामायण, बाल महाभारत, बुद्ध चरित और महात्मा गांधी नामक पुस्तकों की रचना की जिनको कि केन्द्रीय माध्यमिक शिक्षा परिषद द्वारा हिन्दी के पाठ्यक्रम में अनिवार्य पुस्तकों के रूप में जूनियर कक्षाओं में शामिल किया गया था।

स्वतंत्रता काल में रची गई अनेक रचनाएं इस बात को प्रमाणित करती हैं कि राजनीतिक उथल-पुथल, साहित्य एवं समाज को प्रभावित करती ही है। उस दौर में जो हिन्दी बालसाहित्य रचा गया उसमें बाल और

युवाओं को देश के प्रति समर्पित होने और रणबांकुरों की भाँति अपना शौर्य दिखाने की प्रेरणा परिलक्षित होती है-

सुभद्राकुमारी चैहान द्वारा लिखी गई रानी लक्ष्मीबाई के शौर्य और पराक्रम का सजीव चित्र उपस्थित करती यह रचना जन-जन की जुबान पर रहती है-

"बुन्देले हरबोलों के मुँह
हमने सुनी कहानी थी
खूब लड़ी मर्दानी वह तो
झाँसी वाली रानी थी।

मेवाड़ के महाराणा प्रताप को अपने घोड़े चेतक से बड़ा लगाव था। चेतक बड़ा ही निर्भीक और वफादार घोड़ा था और उसके गुणों के कारण ही उसे बाल कविताओं में महाराणा प्रताप के साथ ही प्रमुखता से स्थान दिया गया। चेतक घोड़े की वीरता और बुद्धिमत्ता और उसके गुणों का बखान करते हुए श्री श्यामनारायण पाण्डेय जी ने जो कविता लिखी वह अद्वितीय है-

रण बीच चैकड़ी भर-भर कर
चेतक बन गया निराला था
महाराणा प्रताप के घोड़े से
पड़ गया हवा का पाला था।
जो तनिक हवा से हिली नहीं
लेकर सवार उड़ जाता था
राणा की पुतली फिरी नहीं
तब तक चेतक मुड़ जाता था।
गिरता न कभी चेतक तन पर
राणा प्रताप का कोड़ा था
वह दौड़ रहा अरि मस्तक पर
वह आसमान का घोड़ा था।
था यहीं, रहा अब यहाँ नहीं
वह वहीं रहा, था वहाँ नहीं
थी जगह न कोई जहाँ नहीं

किस अरि मस्तक पर कहाँ नहीं।
कौशल दिखलाया चालों में
उड़ गया अचानक भालों में
निर्भीक गया वह ढालों में
सरपट दौड़ा करवालों में।
बढ़ते नद सा वह लहर गया
वह गया, गया फिर ठहर गया
विकराल वज्रमय बादल सा
अरि की सेना पर गहर गया।
भाला गिर गया गया निशंग
हय टापों से खन गया अंग
बैरी समाज रह गया दंग
घोड़े का ऐसा देख रंग।

आजादी से पहले देशवासी आपसी मेल-मिलाप और बच्चों एवं युवाओं को जाग्रत करने के लिए प्रभात फेरी निकाला करते थे जिनमें गुप्त रूप से देश के प्रति कर्तव्यों के पालन और सजगता के संदेश समाहित रहते थे। पं. बंसीधर शुक्ल की प्रभातियाँ देश की आजादी में मील का पत्थर साबित हुई। श्री श्यामलाल गुप्त पार्षद जी का यह झंडा गीत बालकों के अन्दर देश भक्ति की भावना की उत्तपत्ति करते हुए अनेक नौजवानों और नवयुवतियों के लिए देश पर मर मिटने हेतु प्रेरणा का श्रोत भी बना।

हिन्दी बालसाहित्य में अपने एकांकियों के द्वारा जाग्रति पैदा करने वाले डा.रामकुमार वर्मा ने "वीर बलकरन" एकांकी के माध्यम से एक छोटे से वीर सिपाही 'बल करन" का ऐसा चित्र उपस्थित किया है कि पढ़ने और सुनने वालों के रोगटे खड़े हो जाते हैं-

तैमूरलंग की सेना द्वारा भारत की जनता पर किए जा रहे अत्याचार और कत्लेआम के दौरान छोटा बच्चा बलकरन अपना छोटा सा चाकू लेकर तैमूर के सेनापति के साथ भिड़ गया। जब तैमूर को पता चला तो तैमूर ने बलकरन से कहा कि क्या तुम जानते नहीं कि जिस तैमूर के सेनापति के सामने तुम खड़े हो उस तैमूर के भय से पूरा भारत कांपता

है?

बच्चे ने कहा कि मैं तो बस इतना जानता हूँ कि मैं अपनी आखिरी सांस तक अपने इस छोटे से चाकू से लड़ूंगा और इस चाकू को छोटा मत समझना, इसकी धार बहुत तेज है। इतना कहकर उस छोटे बलकरन ने अपनी उंगली काटकर दिखा दी।

छोटे से बच्चे का यह साहस देखकर तैमूर ने बलकरन को चाकू वाला दोस्त कहा और बोला-'मांगो चाकू वाले दोस्त, तैमूर से जो मांगोगे वही मिलेगा।'

बलकरन ने कहा कि यदि देना ही चाहते हो तो बिना रक्तपात और लूटपाट किए मेरे गांव से चले जाओ।

तब तैमूर, बलकरन के आगे सिर झुका कर, अपनी सेना को लेकर वहाँ से तुरन्त चला गया।

दीपदान में डॉ.राम कुमार वर्मा ने 'पन्नाधाय' के माध्यम से स्वामिभक्ति और देश के लिए अपने पुत्र को भी वलिदान करना दिखाया है तो श्रीमदन मोहन उपेन्द्र जी ने अपनी पुस्तक-'दादी कहे क्रान्ति कथाएं' के माध्यम से क्रान्तिकारियों के द्‌वारा देशपर वलिदान हो जाने तथा उनके शौर्य का उल्लेख करके युवा पीढ़ी में देशभक्ति की भावना संचारित करने का प्रयास किया है।

लेखिका स्नेहलता जी ने अपनी पुस्तक-"1857 की वीरांगनाएं" में रानी लक्ष्मीबाई, झलकारी बाई, अवन्तीबाई, बेगम हजरत महल, अजीजन बाई, वीरांगना ऊदादेवी आदि के शौर्य और साहस का बहुत ही ओजपूर्ण वर्णन किया है। रानी लक्ष्मीबाई के युद्‌ध कालीन दृश्य का उन्होंने इस प्रकार वर्णन किया है-

"रानी के इस विकराल रूप को देख कर अंग्रेज सैनिक भाग खड़े हुए। इतने में ही रानी के बचे हुए सैनिक रानी के पास आ गये। उन्होंने देखा रानी के घावों से बहुत खून बह चुका है। उनका अन्त निकट है। रानी की इच्छा थी कि अंग्रेज सैनिक उसके शरीर को न छू पायें। रानी के विश्वासी सैनिक रामचन्द्रराव उन्हें पास ही गंगादास जी की कुटी में ले गये और रानी का अंतिम संस्कार करके समाधि बना दी जिससे अंग्रेजो को रानी की राख भी न मिल सके।"

आचार्य नीरज शास्त्री जी अपनी इस पुस्तक की पहली कहानी में महाराणा प्रताप के बारे में लिखते हैं-

"इस युद्ध में जख्मी और अस्वस्थ होने के कारण 19 जनवरी सन् 1597 ईसवी को उनका देहान्त हो गया। उनकी मौत पर देश में मातम छा गया। स्वयं अकबर ने उनकी मौत पर अफसोस जाहिर करते हुए कहा-"हमने हिन्दुस्तान को जीत लिया पर अफसोस कि हम हिन्दुस्तान के सच्चे वीर पर फतह न पा सके।"

कवि, लेखक डा.आद्याप्रसाद सिंह प्रदीप जी ने अपनी पुस्तक- "स्वतंत्रता के सप्तर्षि" में मंगल पाण्डे के विषय में लिखा है-

एक बहादुर सैनिक बनकर
बैरकपुर में आया था
देष-धर्म के लिए हृदय में
भव्य भाव लहराया था।
कलकत्ता कार्तूस फैक्ट्री
के रहस्य को जाना था
गउ सूअर की चर्बी का
सभी रहस्य पहचाना था।
मंगल पाण्डे नहीं तनिक भी
कुछ भी वहाँ बताया था
अंग्रेजी दल हार गया पर
कुछ भी जान न पाया था।
मंगल पाण्डे को ले जाकर
फांसी पर लटकाया था
अपने कर से फांसी फंदा
अपने आप लगाया था।

डा.निरंकारदेव सेवक जी ने अच्छे शिशुगीत लिखने और भावपूर्ण शिशुगीतों के लिए हिन्दी समाज में एक तरह की संवेदनशीलता का माहौल तैयार करने में युगान्तकारी काम किया। श्री हरिकृष्ण देवसरे, श्रीनाथसिंह, श्री द्वारिकाप्रसाद माहेश्वरी, कन्हैयालाल मत्त, श्रीसर्वेश्वरदयाल सक्सेना, पद्मश्री डा.उषा यादव, श्री जयप्रकाश भारती,

डा.श्रीप्रसाद, डा.प्रकाशमनु जी, श्री दिविक रमेश, श्री चंद्रपालसिंह यादव मयंक, शेरजंग गर्ग, शंकर सुल्तानपुरी, डा.चक्रधर नलिन, डा.राष्ट्रबन्धु, सूर्य कुमार पाण्डेय, डा.सरोजिनी कुलश्रेष्ठ, संजीव जायसवाल संजय,डा.विनोदचंद पाण्डेय, श्री भगवतीप्रसाद दि्ववेदी, डा.शकुन्तला कालरा, डा परशुराम शुक्ल, डा.सुरेन्द्र विक्रम, डा.नागेश पाण्डेय, डा विमला भण्डारी, श्री चंद्रपाल शर्मा रसिक हाथरसी, डा.जगदीश व्योम, कमलेश भट्ट कमल शशि पाठकं अनेकानेक बाल साहित्यकार हैं इतने कि अगर सबके नाम गिनाये जांयें तो कई पृष्ठ भर जायेंगे, जिन्होंने हिन्दी बाल साहित्य मे एतिहासिक चिंतन परक रचनाओं को अपनी लेखनी से सृजित किया है।

इस प्रकार हम देखते हैं कि हिन्दी बाल साहित्य में ऐतिहासिक चरित्रों के माध्यम से बालकों को प्रेरित करना, पौराणिक पात्रों यथा-राम, कृष्ण, गणेश, हनुमान, धुरव, प्रहलाद आदि के माध्यम से प्रेरित करना, हिन्दी बाल साहित्य के माध्यम से ऐतिहासिक किलों की संरचना, सुरक्षा और उन्हें जीतने के कौशल के प्रति बालमन में उत्सुकता जगाना, बालमन में वीरता का भाव जगाना, अपनी संस्कृति तथा एतिहासिक गौरव के प्रति बालमन में जिज्ञासा उत्पन्न करना आदि ऐतिहासिक चिंतन के तत्व हिन्दी बाल साहित्य में प्रचुर मात्रा में परिलक्षित होते हैं।

***

5

बाल साहित्य और राष्ट्रीय भावना

एक सुसंस्कारित बालक ही राष्ट्र का भावी कर्णधार होता है अतः जिस राष्ट्र के बच्चे सुसंस्कारित होंगे निश्चित ही वह राष्ट्र एक मजबूत और सुदृढ़ राष्ट्र होगा। उस राष्ट्र का भविष्य उज्जवल होगा।

आज के वातावरण में जहा जागने से रात्रि को सोने तक दूरदर्शन के अनेक चैनल से प्रसारित होने वाले कार्यक्रम बच्चों को और युवाओं को लुभाते हों तथा कदम-कदम पर सार्वजनिक स्थलों पर जगह-जगह चिपके सिनेमा के पोस्टरों की भरमार हो साथ ही जहा दादा-दादी नाना-नानी और माता-पिता की अपनी-अपनी व्यस्तताए बच्चों को अच्छी-अच्छी कहानिया उध्दरण आदि न सुनाकर उनको चरित्र निर्माण के कार्य से वंचित रखती हों ऐसे वातावरण में यदि राष्ट्रीय भावना के विकास में कोई चीज सहायक हो सकती है तो वह है सद्‌साहित्य।

चूकि बच्चे का कोमल हृदय कोरे कागज सरीखा साफ और निर्मल होता है अतः बालक के हृदय में अच्छे संस्कारों को पैदा करना तथा राष्ट्रीय भावना को जाग्रत करना अधिक सरल होता है इसलिए सद्‌साहित्य में भी बाल साहित्य की भूमिका अधिक महत्वपूर्ण होती है। प्रत्येक माता-पिता की इच्छा होती है कि उनका बच्चा अच्छे गुणों से युक्त सुसंस्कारित हो किन्तु इस घोर भौतिकतावादी आपाधापी पूर्ण युग

में किसी के पास भी माता जीजाबाई की तरह शिवाजी के चरित्र निर्माण हेतु समय नहीं है। किसी के भी पास रामचरित मानस के सुन्दर प्रसंगों का बालक के सामने जिक्र करने का समय नहीं है और न किसी के पास अपने नौनिहालों को सुधारने हेतु पंचतंत्र के रचयिता विष्णु शर्मा जैसा धैर्य।

फिर ऐसी स्थिति में किसी को तो यह महती भूमिका निभानी ही होगी और इस दायित्व के निर्वाह हेतु सशक्त सहज और सरल माध्यम है - अच्छा बाल साहित्य।

आज तक अनेक स्तरीय बाल पत्रिकाए प्रकाशित हुई हैं और हो रही हैं। इतना ही नहीं दैनिक साप्ताहिक एवं पाक्षिक समाचार पत्रों में भी आज बाल साहित्य को समुचित स्थान प्रदान किया जा रहा है किन्तु मुख्य प्रश्न यह है कि क्या यह बाल साहित्य राष्ट्रीय भावना के विकास में जिम्मेदारी का पूर्ण रूपेण निर्वहन कर रहा है

वास्तव में बाल साहित्य का सृजन कठिन कार्य है। बालक कभी भी उपदेशात्मक लहजे को पसंद नहीं करता अतः बालक को उसकी वय के अनुसार उसकी ग्रहण शक्ति के अनुसार और उसके रुझान के अनुसार उसकी कल्पना के साथ-साथ तार्किक बुध्दि का ध्यान रखते हुए लिखा गया साहित्य ही भाता है और वही उसे अनुप्राणित और उत्प्रेरित कर सकता है।

बाल साहित्यकार को कदम-कदम पर इस बात से सचेत रहने की आवश्यकता है कि कहीं उसकी रचना बालक की मानसिक वृत्तियों को विकृत तो नहीं कर रही।

***

6

बाल साहित्य लेखन एवं उसकी उपयोगिता

सामान्यतः यह माना जाता है कि बच्चों के लिए लिखा गया साहित्य बाल साहित्य है। यानि बच्चे जिस साहित्य को सहज रूप से पढ़ सकें। उसे पढ़कर समझ सकें और पढ़कर या सुनकर उसका भरपूर आनन्द ले सकें। आनन्द से आशय केवल मनोरंजन ही नहीं है बल्कि मनोरंजन के साथ-साथ वह उससे जीवन जीने की कला सम्बन्धी कुछ सबक भी ग्रहण कर सके। भले ही उस साहित्य में सीधे-सीधे ऐसा कुछ न लिखा हो कि बच्चो ऐसा करना चाहिए या ऐसा नहीं करना चाहिए।

सही बात तो यह है कि बच्चों के लिए लिखना इतना सहज नहीं होता जितना बड़ों के लिए लिखना। बच्चों के लिए लिखते समय उनकी आयु का विशेष ध्यान रखने की आवश्यकता होती है यानि आयु के अनुसार उनके मनोविज्ञान उनकी भावनाओं और उनकी अपेक्षाओं आदि को ध्यान में रखकर ही बाल-साहित्य की रचना करनी चाहिए।

जिस तरह साहित्य लेखन गद्य और पद्य की कई विधाओं में किया जाता है उसी प्रकार बालसाहित्य भी बाल-कहानी बाल-कविता बाल-गीत और बाल-एकांकी बाल-नाटक बाल-चित्रकथा बाल-प्रहसन एवं बाल-

पहेली आदि-आदि कई विधाओं में रचा जाता है। आदि काल से ही माताएँ अपने पाल्य को लोरी सुनाकर उन्हें सुलाने का काम करती आ रही हैं तो उठो लाल अब आँखे खोलो पानी लाई मुँह धोलो जैसी प्रभाती सुनाकर उन्हें जगाने का। यद्‌यपि उस समय वे किसी पुस्तक में पढ़कर उन्हें लोरी नहीं सुनाती थीं बल्कि उन्हें प्रचुर मात्रा में वह सब अपने पूर्वजों से धरोहर के रूप में मिला होता था। आज वह सब पुस्तकों के रूप में भी उपलब्ध है।

यद्‌यपि बाल-साहित्य का लेखन बहुत ही प्राचीन काल से हो रहा है। समय-समय पर इसके रूपों में समयानुकूल परिवर्तन होते रहे हैं। जैसे उपनिषद रामायण महाभारत एवं श्रीमद्‌भागवत आदि धर्मग्रन्थों की कहानियाँ जैन और बौध्दों की जातक कथाएँ एवं बोध-कथाएँ तथा हितोपदेष पंचतंत्र आदि की कहानियों के बाद मध्यकाल में इसका रूप परिवर्तित हुआ और नया रूप आल्हा-ऊधल के रूप में अमीर-खुसरों की पहेलियों के रूप में और फिर बाल-कृष्ण बलराम व सखाओं की क्रीड़ाओं के रूप में लिखा गया।

उसके और बाद में फिर सिंहासन बत्तीसी बेताल पच्चीसी जैसी रचनाएँ हुईं। आचार्य महावीर प्रसाद द्‌विवेदी युग में जो बाल साहित्य आया उसमें बाल रामायण और बाल भागवत जैसी पुस्तकें रची गईं जिनसे प्रेरित होकर बहुत से साहित्यकारों ने लीक से हटते हुए पेड़-पौधों एवं पषु-पक्षियों पर आधारित कहानियाँ लिखीं।

स्वतंत्रता काल में अनेक बाल पत्रिकाओं का प्रकाशन आरम्भ हुआ फलतः बालसाहित्य में वैज्ञानिक दृष्टिकोण का समावेश हुआ।

स्वतंत्रता के बाद बालसाहित्य के लेखन में एक विशेष परिवर्तन हुआ। अब बाल रचनाओं में बाल-अनुभूति पर आधारित रचनाएँ लिखी जाने लगीं। इनमें यथार्थपरकता की अधिकता होने लगी। साथ ही वैज्ञानिक साहित्य के लेखन में भी वृध्दि हुई और भूत-प्रेत तथा राजा-रानी और परियों की कहानियाँ पीछे छूटने लगीं।

आज का परिवेश अति आधुनिक तकनीकी से बच्चों को अवगत करा रहा हैं

ऐसे समय में और ऐसे तीव्र बुध्दि वाले बच्चों के लिए लिखना आज के समय में बाल साहित्यकार के लिए चुनौतीपूर्ण कार्य है। आज बच्चों को किसी भी विधा द्वारा सीधा-सीधा उपदेश नहीं दिया जा सकता बल्कि बाल साहित्यकार को अपने लेखन में ऐसा षिल्प पैदा करना होगा कि बालक स्वयं ही उस रचना में छुपी हुई सीख को ढूढ़े और उस रचना के प्रति खुद-ब-खुद उसमें उत्सुकता उत्पन्न हो।

अब प्रश्न यह आता है कि बालसाहित्य लेखन का महत्व क्या हैं यानि बालसाहित्य लेखन क्यों आवश्यक है

इस बारे में मेरा ऐसा मानना है कि बड़ों के लिए लिखा गया साहित्य जहाँ उन्हें देश-दुनिया की विविध जानकारियाँ उपलब्ध कराता है। अज्ञानियों को ज्ञान एवं कुसंगति में पड़े प्राणियों को सद्मार्ग का दिग्ददर्शन कराता है। वहीं एक बालक जिसका हृदय कच्ची मिट्टी के लौदा जैसा होता है उसको जिस रूप में ढाला जाय ढल जायेगा तथा जो देश का भावी नागरिक भी है। देश का सारा दारोमदार उसी के कंधों पर आने वाला है यदि वह लायक नहीं होगा तो देश का उद्धार सम्भव नहीं है। जैसे मकान खड़ा करते समय मकान की नींव जिनती मजबूत भरी जायेगी मकान उतना ही सुद्दढ़ और टिकाऊ होगा यही बात बच्चे के ऊपर लागू होती है। किसी देश के बच्चे जितने योग्य समझदार मानव मूल्यों के प्रति संवेदनशील और साहसी तथा देश-प्रेम की भावना से ओत-प्रोत होंगे वह देश उतना ही अधिक उन्नतिशील और सुद्दढ़ होगा।

इस बारे में बाल-मनोवैज्ञानिकों का ऐसा मानना है कि स्वस्थ बाल-साहित्य पढ़ने से बच्चों का विकास अधिक तीव्रता से होता है क्योंकि पढ़ना केवल भौतिक अनुभव ही नहीं बल्कि उसके द्वारा भावनात्मक अनुभव भी प्राप्त होता है। इसलिए बाल-साहित्य बच्चों की रुचि उत्सुकता तथा महत्वाकांक्षा को परिष्कृत रूप प्रदान करता है। अच्छा बाल साहित्य उन्हें देश-प्रेम एकता त्याग शौर्य स्वाभिमान व मानव मूल्यों के प्रति प्रेरित करता है।

आज के अति भौतिकतावादी और आपा-धापी के युग में जहाँ संयुक्त परिवारों की परिपाटी खत्म होकर एकल परिवारों की संख्या बड़ती जा रही है ऐसे में नन्हे-मुन्नों को लोरी या राजा-रानी व परियों की कहानियाँ

सुनाकर सुलाने के लिए और प्रभाती सुनाकर जगाने के लिए उनके पास न दादी है न बाबा है और न नाना-नानी ही हैं। माता-पिता भी जीवन की आपा-धापी में व्यस्त हैं इस प्रकार बचपन जो बच्चे के जीवन की पहली सीढ़ी होता है बचपन जो व्यक्तित्व निर्माण में या जीवन-यात्रा में नींव का कार्य करता है वही बचपन उन्हें 'आया या 'पालनाघर में बिताना पड़ता है।

आज अधिकांश बच्चों का बचपन बहुत ही त्रासद स्थितियों से गुजर रहा है। उनके माता-पिता जिन चीजों को जिन सफलताओं को अपने जीवन में हासिल न कर सके उनकी अपेक्षा अपने लाड़लों से करने लगते हैं।

बाल मनोविज्ञान को समझे बिना बच्चे की भावनाओं को आहत करते हुए वे उनपर चीखते-चिल्लाते हुए देखे जा सकते हैं। बच्चे को मारते-पीटते हुए वे अनजाने में ही अपने बच्चे के अन्दर झूठ और चोरी जैसे कुसंस्कारों का बीज बो देते हैं।

ऐसे में विद्‌यालय के अध्यापकों का बाल पत्रिकाओं का तथा बाल-साहित्य का दायित्व और भी बढ़ जाता है क्योंकि बालकों का मन सुकोमल और कोरे कागज सरीखा होता है। उनके बालमन पर जो भी इबारत लिख दी जाय ताउम्र वे उसमें ढल जाते हैं। एक देश-भक्त और अच्छा इंसान ही घर-परिवार समाज और देश के उत्थन में सहायक होता है और सच्चा नागरिक कहलाने का हकदार होता है जो एक अच्छे बालसाहित्य के द्‌वारा सहज ही सम्भव है।

***

Printed by Libri Plureos GmbH in Hamburg, Germany